(fé azorica)

jorge morais

ISBN: 9798395674180

CONSIDERAÇÃO LEGAL

À semelhança dos livros anteriores, a decisão de usar as imagens que acompanham os poemas foi feita com base nas seguintes linhas da Declaração de Direitos e Responsabilidades do Facebook:

Como tal, o seu uso é feito com base em boa-fé. Não há intenção de infringir os direitos legais de qualquer pessoa e mediante pedido o conteúdo on-line será apropriadamente corrigido.

ÍNDICE

PREFÁCIO

I – O autor

O amigo Jorge Morais – tem em mim uma amizade de longa data e foi por via disso certamente que nos convidou para escrever o prefácio deste seu quarto livro de poesia (o 1.º e o 2.º publicados em 2014, *Cinco dedos de poesia* e *Lava feita ilha*, e o 3.º em 2019, *Odes femininas*). Desde muito jovens que nos conhecemos e com recordações de jogarmos futebol de cinco no centro de Angra do Heroísmo, quando na nossa hora de almoço tínhamos uma cidade com espaços para os jovens, e com recordações de começarmos a trabalhar depois de feita a escolaridade obrigatória, ele com 12 anos de idade e eu a completa-los no fim do ano.

Por isso, para além da amizade, conheço o autor na sua condição de muito jovem viver com poetas de grande calibre. Enquanto que eu e os nossos outros amigos depois das dezoito horas regressamos às nossas freguesias a cinco quilómetros de distância, o Jorge ficava em casa, na cidade, onde vivia em Santa Luzia. Enquanto nós regressávamos a uma vida simples de freguesias rurais com acesso dificultado aos jornais, revistas e livros, que não fosse apenas a hipótese da carrinha da Biblioteca Itinerante da Gulbenkian; o Jorge entretinha-se em tertúlias académicas e literárias na cidade. Aí, nas suas horas livres, tinha acesso privilegiado à cultura e sobretudo à poesia. Enquanto nós, lá quase longe do mundo civilizado, continuávamos a brincar com o pião ou na correria a ver quem passava à frente de quem, o autor vivia rodeado de poetas, como um temperamental EMANUEL FÉLIX, ou um irrequieto pela perfeição poética como era HERNÂNI CANDEIAS, e muitos outros igualmente grandes ou que o viriam a sê-lo como ÁLAMO OLIVEIRA, BORGES MARTINS, IVONE CHINITA, SANTOS BARROS e AUGUSTO GOMES.

A qualidade poética do Jorge, portanto, não vem dos estudos, ele é um doutor da vida porque aprendeu com os melhores e ao vivo. É um poeta cujo património genético é a sua escola junto de grandes nomes da poética e literatura terceirense. Ele é um poeta informal e social: porque não imita os melhores, imita-se a si próprio numa construção original de simplicidade; o que lhe importa é a poesia, e não o segredo do que seja um poeta. E social, porque essa simplicidade é traduzida num registo prático da vida, por sorte coincidente com a atual facilidade comunicacional. Nesse sentido o Jorge é um poeta moderno: tem um fundo poético de um certo classicismo, mas o resultado é uma abrangência mais universal, que atinge mais gente. Por isso mesmo cada poema é acompanhado por uma imagem – porque o homem hodierno sente mais as palavras quando elas estão embrulhadas em imagens, como se o poeta tivesse, e se calhar tem, a preocupação de não deixar ninguém de fora. É como um convite. Como querendo replicar o registo de

i

fé "venham para a mesa do senhor".

Este é o autor, o Jorge Morais que eu conheço desde sempre e que tenho a sorte de o conhecer e ser seu amigo. Este é o poeta. Não é poeta popular. Não é poeta erudito. É o poeta.

II – O livro

A obra que o autor nos apresenta, *Fé azorica*, é extensa; não em palavras, mas em sentimentalidade e comunicabilidade poética, porque traduz uma ode a "todas" as formas de religiosidade que nos Açores é, por um lado, manifestação popular e, por outra banda, manifestação religiosa.

Ora um poema sobre os Romeiros:

«...
acredito que um deus sempre esteja
neste lugar presente
para poder explicar
a devoção que se sente
que faz com que agente
um rosário reze (...)».

Outro sobre o culto do Espírito Santo:

«...
deixai que o divino desça a esta humilde moradia
e que nela permaneça especialmente neste dia
que a ele consagra em perfeita harmonia
por isso terços se reza uma semana completa
em devoção plena envolta em misticismos na ilha inteira (...)».

Ou sobre a igreja:

«...
dizem lugar de culto
dentro bem me sinto
onde impera a paz interior
me faz sentir maior (...)».

Ou ainda sobre a santa:

«...
digam-me mas que força tem esta fé
que acobreou minha gente
que faz com que andem a pé
sempre de maneira indiferente
que os faz ir á senhora dos milagres (...).

Ora a fé que é transmitida pelos pais aos filhos:

«...
de que massa é feita esta gente
que de uma forma tão crente
embrenhados num pensamento

que parece não ter fim
cujo cajado segura
uma crença intrínseca
mergulhados numa prece
que me ultrapassa a mim (...).
Também por via da educação dos filhos:
«...
aos pais cabe a educação
e mesmo a orientação
na fé onde foram criados
e assim jamais julgados
pois de lugares sagrados
ninguém mal dizer vai (...)».
A fé por via dos sismos:
«...
eis assim iluminada
a tisne da gangarina
que numa ilha abençoada
foi outrora fustigada
por uma erupção vulcânica
quiseram as forças da natureza
sua pujança mostrar (...)».

Isto é, a obra é poética, mas historiográfica: faz um retrato poético da fé dos insulares, indicando lugares e imaginários. Nesse sentido é uma inteira novidade na literatura açoriana.

Arnaldo Ourique,
no Pesqueiro,
a 6 de maio de 2023.

✝

...
lugar de culto
que o tempo tratou
e a ressalga do mar
o castigou
testemunho vivo
de choros e lamentos
que acalentou muitos sofrimentos
rezas e preces
de gente aflita
que pelos seus espera e grita
lamúrias tidas
de pescadores naufragados
gente que pede pelos seus pecados
forram-se de preto
sinal de luto

ESPÍRITO SANTO

...
possas até não dar comidas nem bebidas
nem teres mesa na casa posta
da forma que muita gente na nossa ilha gosta
mas que esteja expresso no altar vontades
das que ousam de chamar saudades
pelo tempo demasiado sentidas
e que te façam reviver as crenças das tuas ilhas
que nesta época te relembram coisas por demais bonitas
que no terço que rezas assim conta a conta
te faça reviver numa fé que desponta
e que a mesma nunca percas mesmo que não lhe peças contas

…
deixai que o divino desça a esta humilde moradia
e que nela permaneça especialmente neste dia
que a ele consagra em perfeita harmonia
por isso terços se reza uma semana completa
em devoção plena envolta em misticismos na ilha inteira
da partilha do amor numa mesa que se quer cheia
se invoca uma crença e paz para o mundo se pede
numa simples prece de fé verdadeira
que se diz ser intrínseca em toda a ilha terceira

...
dissestes a casa cheia ter
numa foto que recordastes
e a sala do meio a mesma ornamentastes
com um altar ao divino que o mesmo enfeitastes
e agora por um bocadinho o mesmo alvitraste
grande o contentamento quando teu nome sorteado foi
e o mesmo cantado na extração do piloro
mas depois de todo este tempo passado
de novo teu nome deve ser dado
para que possa de novo ser proclamado no domingo do bodo

...
e assim se cumprirá a promessa
de uma promissão sentida
de louvar o divino
uma semana seguida
seja qual for a razão
a mesma se expresse em oração
e que a vossa devoção
seja uma mera realização
do desejo de uma vida
que não se fique pela intenção
quiçá se por dedicação
de uma vivência repartida

…
e de novo se renova a crença no divino
se reza a semana inteira mesmo que o altar seja pequenino
o que importa é a fé com que à data nos entregamos
e em louvor de todos assim juntos rezamos
preces são pedidas sempre às almas partidas
e das que componham a sala
e conta a conta passada do padre nosso à avé maria
serão as contas contadas das contas que no rosário cabia
que se eleve a pura crença para que não seja esquecida
e nesta quadra especifica se reze dia a dia

...
eis a serra engalanada
neste dia de partilha
de braços abertos recebendo
as gentes de fora
esta freguesia da ribeirinha
na dádiva ninguém ignora
pois seja dia do bodo
em louvor do espírito santo
uma das três pessoas
da santíssima trindade
pois digo com verdade
que venero tanto

...
eis o terço que foi rezado
junto a um altar abençoado
pela coroa divina
sentimento no peito guardado
de um crente sabedor da verdade
da crença que consigo transporta
sozinho o mesmo reza
pois religioso que se preza
nem olha para a porta
a ver quantos tem e se rezar também vem
não te esqueças nas intenções
de pedir em tuas orações
por aqueles que padecem
pois quem acredita na vida plena
jamais dos outros se esquecem

...
eis o império do divino que dois bodos serve
um o chamado da terra e o outro ao mar consagrado
na vila de s. mateus no terreiro plantado
onde outrora havia um ciúme demarcado
o segundo sempre pretendia matar a tourada do largado
tempos em tempos houve cuja iluminação se desmanchava
e o bodo seguinte no outro dia a montava
agora tudo é diferente pois chegaram à conclusão
quem não pode ir ao mar crava sua enxada no chão
e se bom tempo houver fazem do peixe seu pão
pois se tudo é a mesma gente para quê a confusão

...
esteja a coroa do divino
numa redoma guardada
para que o pó
em cima não lhe caia
seja atributo de um povo
que a quer adorada
e em sua fé
em três pessoas simbolizada
que para além da crença
traga por inerência
um pouco mais de fartura
e quer na sua essência
que todos os males cura

...
há sempre uma porta aberta
à volta da ilha inteira
seja por devoção ou promessa
põem a mesa cheia
e ornamentam a sala
com um altar ao divino
onde rezam às almas
pedindo por vidas calmas
enorme que a crença é
dão de comer a todos
devotos de uma tradição
que passa de geração em geração
envoltos numa oração
cuja salvação
se irmana com a fé

...
não há fé sem amor
não há dor sem temor
a religião ao povo se amarra
não há festa sem o senhor
não há coroação sem o primor
da música de uma fanfarra

…
o altar é o mesmo o divino também
somente ele agora de mais brilho desfruta
pois sua imagem limpa foi por bem
assim muita mais luz a esta casa vem
e deixa transparecer o amor que se detém
e a crença que nascida é desde o berço que cada um tem
ninguém é melhor que ninguém todos somos diferentes
uns estamos aqui outros estão ausentes
mas a fé que nos une esta é uma só
fomos criados na pobreza pois ninguém tinha compaixão
por isso somos feitos da essência com que se faz o coração

...
quando um velhinho se curva
para a pombinha beijar
ele é porventura
a mais doce criatura
que no símbolo pode acreditar
que sobre ele desça o divino
e sua luz o possa abençoar
fortalecendo a crença
a quem ele pode rezar
que em sinal de respeito
chapéu na mão deva segurar
e seu cabelo branco
descoberto deva estar
para que por fé
uma bênção vá alcançar

…
que esta candeia acesa ilumine sempre o divino
conjuntamente com a luz das velas que ardem para o menino
para que ele bênçãos deixe a quem nesta casa mora
e que não ignora que de amor se vive
e que sempre se cultive o dom da partilha
pois quem dá em dobro recebe por graças nesta vida
e que ao mesmo se reze e sempre se faça prece
para que a paz sempre por ventura impere
e para que não falte o pão e não haja razão
para haver fome no mundo
e que os homens se possam entender
pois na terra sempre há-de haver lugar para todos nós

(fé azorica)

...
que no ar a carne cozida cheire por entre tantos quintais
cujas panelas que tantas são nunca chegam a ser muitas aliás
o povo as mesmas espera desde os tempos ancestrais
que dividem nesta época os que tinham ademais
com aqueles que esperavam por vezes tempos demais
pois as bocas com fome existem cada vez mais

...
que para sempre prevaleça
o espírito do divino
e que sobre toda a banca
haja carne repartida com carinho
que em momentos de confinação
não se olvide quem necessita
e se reparta um quinhão
a quem um pedaço precisa
pois o momento é de partilha
é de festa é de bodos
que haja pão vinho e carne na mesa
seja fartura para todos
pois a ilha é de jesus
abençoada pela santíssima trindade
que no mínimo nestes dias
haja um pouco de igualdade

...
que se mantenha a fé quiçá até
numa lamparina de aladino que faça
com que cada graça um terço mereça
independentemente do lugar se faça um altar
em louvor do divino por mais pequenina
que possa a crença ser que deixe antever
haver confiança alguma que possa dar em súmula
a fé que muita gente tem e se houver alguém
que não tenha nenhuma pois que possa em suma
respeitar quem a tem

...
que venha o santo padre abençoar esta carne
que por esmolas dada será
são promessas ao devido que a mesma gente dá
é época de partilha pela fé que o povo trilha
e um pouco mais de conforto está
numa mesa de sopa quente com o sabor que a carnação dá
possa a estômago vazio neste dia aconchegar
seja por pura devoção que nos ensina a religião
e que por demais gente que no adro esteja
é dar com uma mão sem que a outra veja

(fé azorica)

...
queira a fé no seu esplendor tantas crentes juntar
venha o espírito do senhor as mesmas confortar
e junto do altar criado possam as mesmas rezar
pedindo pelas almas do mundo que no firmamento andar a flutuar
à espera que alguém abra a porta para poderem descansar
queira para sempre o divino a todos fortificar
e que as promessas tidas todos as vaiam pagar
em postas de carne expressas vaiam ofertar
a quem na vida nada tenha para aos outros dar

...

quis o espírito santo te presentear com a beleza deste altar
pulcritude de encantar bordado por mãos tão perfeitas
pra que pudesses rezar e preces pudesses dar
e assim curar quem cheio está de maleitas
seja a crença melhor pois uma força maior
de nós toma conta logo à nascença
seja de dádiva feita esta crença encetada
para que quem não tenha nada um pouco possa ter
pois o dom está em quem possa dar sem pensar em receber

(fé azorica)

...
se te derem um pão
de bodo chamado
come-o todo pois ele é sagrado
e carregado de simbolismo
pois traz por demais crença
na fé e altruísmo
é tempo de partilha
de carne e de sustento
dados com amor
ao longo do tempo
pois o povo diz
que quem com a direita dá
e a esquerda não vê
este ser de certeza
será muito mais feliz

...
seja a crença tão forte
que te faça atravessar
desde a américa do norte
para uma promessa vires pagar
devida ao espírito santo
que uma graça te foi dar
e a vaca que comprastes
em esmolas fostes dar
pois que um dobro recebas
em graças concebidas
e louvada sejas
por não te esqueceres
dos pobres das nossas ilhas

(fé azorica)

…
seja altar ornamentado em louvor do divino
cujo barco nele integrado do café tenha vindo
e que aqui em divulgação o mesmo seja pago
pela semana empenhado numa promessa que se está sentindo
por ser do bodo do mar nada melhor para o identificar
como os apetrechos da fauna marítima
pois o espírito santo está em todo o lado
quer no mar ou na terra pois sempre encherá a alma
de quem fé nele encerra

...

seja de segundo bodo chamado por se querer acrescentada
esta época da partilha onde o sol por demais brilha
num ato de dar e poder partilhar com quem pouco tem
se se puder acrescentar mais um pouco de comida
a quem comida não tem podemos sempre adicionar
se a mesma acrescentada for por bem
mesmo que hoje fome não se passe não se caia no impasse
de escolher quem tem ou não
um pouco de carne sempre cabe num tachinho pequenino
e que saiba não faça com que se mate a fome ao menino

(fé azorica)

...
seja dos altares mais repletos
que a nossa ilha tem
terá tantas irmandades
quiçá quantos os anos que tem
e as coroas testemunham
a crença que do povo vem
e não fosse a catástrofe
que em forma de fogo veio
levando quase todos os cimos
que as labaredas diluíram
e o império dos quatro cantos
dos mais ricos seria
e hoje para as suas festas
de gente sempre precisa
caso contrário
sua festa não preconiza

...
seja o bodo explanado
desta forma ornamentado
em formato de terço
cada esmola separada
como se contas fosse
sendo as mesmas contadas
em padres nossos rezadas
em santas marias abençoadas
e nas bem-aventuranças
que se rogam pelas crianças
assim puras e doces
seja a dádiva devida
que dê um pouco acima
do que no dia se possui
e nesta época de fartura
que se pense na criatura
que em casa nada tem

...
trago no meu carro pendurado uma bandeira do divino
que me tem acompanhado independentemente do destino
e me tem protegido me ensinando o caminho
ao lado carrego um terço que outrora fora ofertado
e que creio da mesma forma ele me tem guardado
e assim irmanados presos no mesmo lugar
sempre me irão acompanhar nas curtas ou longas viagens
que eu possa dar

...
tua casa cheia ficou pois o divino chegou
portanto nela um ano vai morar
e assim abençoar quem na mesma vive
terços irás rezar e sempre iluminar
com a candeia do azeite acesa
para que o mesmo te encha a mesa
no dia que fores coroar
até lá que impere a alegria
que dia a dia o amor floresça a fé sempre cresça
para que não morram e tenham continuidade as tradições
e que possa de afeto encher todos os corações

...
há quem ponha demasiado empenho na feitura de um altar
pois seu contentamento é tamanho para no meio da casa o colocar
e quando se tratar do divino outra coisa não é de esperar
que se enfeite com buquês dos mais lindos florais
das flores mais cheirosas que nascem nos quintais
sejam cravos gypsophilas ou rosas ou outras flores tais
pois seja tanta a satisfação que fotos se guardem como postais
pois o supremo assim merece dadas graças de mais
e recordados momentos sejam como se fossem atuais

jorge morais

✟

...
seja premissa feita
a quem sobre ela voa
pois seja lugar de culto
para qualquer pessoa
mesmo que altares não tenha
e de tetos desprovida
de riquezas não impera
possuidora do mais belo da vida
das coisas singulares
que corroeram os mares
que este santo detém
pois por mateus chamado
dos discípulos de belém
ninguém tem tal lugar de culto
como a minha freguesia tem

IGREJAS

...
aos pais cabe a educação
e mesmo a orientação
na fé onde foram criados
e assim jamais julgados
pois de lugares sagrados
ninguém mal dizer vai
que se beba do silêncio
e o cheiro a incenso
a alma purifique
e que para sempre fique
no coração gravado
pois quem assim é educado
terá lugar sentado à direita do pai

...
digam-me mas que força tem esta fé
que acobreou minha gente
que faz com que andem a pé
sempre de maneira indiferente
que os faz ir à senhora dos milagres
situada bem mais à frente
agradecer tantas graças concebidas
as quais por vezes não se sente
mas a crença é algo superior
que os faz seguir em frente
quer chova ou faça sol
ou o dia se mostre a poente
nada demove um ser
que se diz fervoroso crente

…
dizem lugar de culto
dentro bem me sinto
onde impera a paz interior
me faz sentir maior
dizê-lo eu não minto
seja por meditação
ou em serenidade com a mente
nele me sinto bem
nele me sinto gente
seja a própria criação
coisa vinda de uma crença
criados numa religião
onde obedece a união
que nos ensinam
à nascença

...
eis a igreja maior
da freguesia que herdei como minha
que sobre ela voe uma bela pombinha
que ao longe se marque como se perto estivesse
pois outro santo se avista
que contra dragões lutou
e agora o cume do pico
as duas ilhas vigiou
e neste pôr de sol pardaço
as mesmas consagrou
seja fortuna tida a quem nas ilhas nasceu
pois vista mais bela
nunca noutro lugar aconteceu
digo-vos que o maior felizardo
acreditem todos que sou eu

...
eis assim iluminada
a tisne da gangarina
que numa ilha abençoada
foi outrora fustigada
por uma erupção vulcânica
quiseram as forças da natureza
sua pujança mostrar
engolindo a igreja
e o campanário deixando ficar
agora ex-libris
que a todos faz pasmar
dizem os crentes na fé
que foi outra força divina
que fez com que a mesma torre
se mantivesse de pé

...
eis lugar sagrado de silêncio e meditação
a preto e branco fotografado para dar a ilusão
da pobreza expressa em toda a sua dimensão
pois a talha dourada lhe dava certa ostentação
e assim sentada medita em toda a constelação
se questiona porque a vida passa com tal alucinação
e a fé lhe deixa escrita no poder da salvação
porque quem na crença acredita terá absolvição
e assim no fim fica mais feliz pois assim encerra
que o mesmo viverá para a vida eterna

…
mesmo que a casa
vazia se possa mostrar
jamais alguém diria
a fé que nela possa imperar
que se queimam as beatas logo ao entrar
pois aqui se reza sem ninguém julgar
o que polvilha o ar neste amplo lugar
seja simplesmente o cheiro a incenso
que no ar possa ficar
e à fé pura o cheiro se possa inalar
e que a nossa crença
para sempre possa imperar
e que no mundo não haja
alguém que possa julgar

...
possam ou não haver mais de seiscentas ermidas
todas plenas de fé por isso foram erguidas
uma ilha assim no oceano plantada
plena de intempéries adquiridas
pois se não for a crença que trazemos à nascença
borrascas não serão por demais entendidas
ilhas que de vulcões nasceram e agora adormecidas
um dia se levantarão e suas lavas largarão
pois é esta a essência das ilhas

(fé azorica)

...
que bela seja a igreja no sopé plantada
mesmo que do outro lado não se veja
não deixará que seja lugar de palavra sagrada
neste lugar imaculado que nome de santo tem
quiçá dos mais devotos que o nosso povo venera
por longa que seja a espera
do seu dia festejar
para as portas se abrirem de par em par
a quem em férias consagra
momentos que sagra à fé que os alimenta

...
seja o silêncio terminante
na paz que aqui se manifesta
num lusco-fusco arrepiante
a que um povo se apresta
lugar de oração
regência de solidão
numa profunda prece
pois de religião
meu povo não carece
dada a sua povoação
numa ilha outrora agreste
se ajoelha e pede perdão
pelo julgamento que não preste

✝

...
eis dos lugares mais emblemáticos
que a nossa ilha tem
despido de ornamentações
e de luxos também
pois aqui verdadeiramente impera
a religião de um povo
onde de joelhos se reza
e que o romeiro preza nas suas orações
pois aqui se venera um ser superior
que os vendilhões correu
por exibirem ostentações
pois se ele à terra voltasse
de certeza não lhe escapasse
este lugar sagrado
enchendo-o de multidões

ROMEIROS

...
de que massa é feita esta gente
que de uma forma tão crente
embrenhados num pensamento
que parece não ter fim
cujo cajado segura
uma crença intrínseca
mergulhados numa prece
que me ultrapassa a mim
haver tanta crença
neste mundo feio assim
se agarram numa reza
mergulhados na mente
e se entregam
de uma forma carecida
própria de um povo
que se expressa
de uma forma diferente

…
diz o povo que de pequenino
é que se torce o pepino
mas olhando este menino
de seu nome martim
faz-nos abrir os olhos
cujas lágrimas caem aos molhes
por verem beleza assim
seu cajado na mão segura
cujos pequenos passos procura
o caminho da redenção
por tão puro pecados não tem
tão inocente criatura
leva como aventura
o amor que segura
a sua frágil mão

...

diga-me o pequeno romeiro o que verdadeiramente sente
quando segura nesta cruz e se mostra sorridente
será que forte segura o mal de toda a nossa gente
ou somente em si impera uma vontade diferente
de agradares aos teus pais que querem que estejas presente
ou dentro de ti já trazes um pensar distinto
de sentires no peito o que quando te vejo sinto
uma crença maior que dentro do seio nasce
numa fé que dia a dia todos os dias renasce
queira que este terço que no pescoço penduras
seja a fonte maior para as tuas maiores curas
seja a própria criação

...
eis meu amigo paulo jorge que de fé também entende
pois é ilhéu também e filho da nossa gente
criado na fé católica possuidor de todos os sacramentos
a ilha também calcorreia com a crença que o próprio sente
quiçá desta vez não peça só pelos pecados somente
mas por quem tenha partido assim tão recentemente
mas mesmo que a crença seja tanta
ele nada pode mudar e enquanto mortal só lhe resta rezar

...
eis o romeiro dos romeiros
o defensor de jesus
que caminhando com sua cruz
rejeitando suas dores
o imareado padre dolores
que defende o que propaga
que a vida faça com que não paga
os pecados dos pecaminosos
como um filho maior
à terra outrora veio
tentar convencer e a alguns converter
os demais pecadores mais tarde jubilado
pelo que este senhor tentando muito fez

...
eis o símbolo máximo que o romeiro possa carregar
a cruz onde foram crucificar um deus redentor
que tudo fez para alcançar junto do seu superior
e o perdão conquistar para quem na vida foi pecador
que as rezas que se rezam em torno da ilha inteira
sejam uma forma controversa que de joelhos se assemelha
a quem paga promessas e se mantenha devedor a vida inteira
seja a ilha do arcanjo ouvidora de rezas em surdina
por mais que peças meças rezar é sua sina

...
ei-los de novo na estrada
numa fé retratada
ano após ano
terço na mão segura
uma fé que perdura
sem qualquer desengano
seja à virgem nas ruas rezada
e sua dádiva chamada
em prol de quem reza tanto
após chuva caída
que dá razão à vida
da crença que nos apega tanto

...
eis uma foto perfeita possuidora de um certo meneio
da ternura de um romeiro que pela calçada caminha
vestido vem a rigor tudo no certo primor que o mesmo ostenta
na sua expressão apresenta a procura de algo
com seu longo bordão não perde a ocasião
da proteção divina que seu terço representa
e por pequeno ser junto ao joelho apresenta
e acima de tudo quando o cansaço chegar
para que não possa chorar sua chucha à túnica prende
mesmo que seja grande a crença trazida à nascença
ele próprio sabe existirem coisas maiores

...
esteja assim a fé concentrada
neste espaço exíguo de uma forma comparada
com um querer profícuo
de gente que foi abençoada por na ínsula ter nascido
e que traz sempre dimensionada a crença que é preciso
para que se veja calcorreada a ilha na sua plenitude
se reza para que para o povo haja sempre muita saúde
e que as almas partidas ao céu vaiam parar
as preces que todos juntos nos caminhos vão a rezar
sejam por demais sentidas para alguém as poder escutar

...
esteja assim a fé exposta
nestes cansados olhares
que do chão não se levantam
loucos são seus cansares
que suportados por um bordão
rezam pedindo perdão
por esquecidos pecados
trazem sacola ao ombro
de pobres manjares
nacos duros de pão
côdeas de queijo a mofo cheirados
por mais pobres que sejam
todos eles partilhados
pois a fé irmana
e quem a comida partilha
é porque algo ama

...
estejas por demais apreensivo
pelos pecados que tua mente assola
te faça ficar pensativo
e encontres como motivo
o perdão que imploras
as rezas que nos caminhos fazes
pedindo demasiadas preces
pois concebidas sejam
tantas são as que se desejam
para tantos pecadores
que se invoquem os salvadores
que das almas que perdidas estejam
e voltam ao bom caminho
para que todos vejam
que salvas todas foram
pela fé que a todos sobeja

...
estes de certeza são
os romeiros da minha terra
com uma vontade expressa
que a fé encerra
rezam aqui e ali
onde houver uma capelinha
se ajoelham como aqui
calcorreiam a ilha toda
até que o cansaço os desgasta
e na sola dos pés as borbulhas aos montes
são o pagamento da jorna
mas esta ínsula não é somente feita
de lutas e batalhas
também tem gentes que rezam
por aquilo que os consome

...
fé a quanto obrigas
nos caminhos que partilhas
do nosso pensamento
subidas e descidas
cujos pés palmilhas
pelas veredas que trilhas
para nosso arrependimento
quando as romeiras calcorreiam
nas estradas que passeiam
sobre chuvas e ventos
expondo seus sentimentos
ao frio existente
em prol do perdão
que caia sobre nossa gente

...
levantas os olhos ao céu como a pedir permissão
e em preces agradeces numa profunda oração
a ele te confessas de seguida pedindo perdão
pois as graças concebidas para ti não são
são para aqueles que pediste na tua longa peregrinação
e hoje de vestes despojado tem o mesmo significado
como ires numa procissão
pois a caminhada foi feita com a mesma devoção

(fé azorica)

...
por maior que seja o cansaço
existe sempre um espaço
no pouco tempo que se detém
para uma foto se tirar
e mais tarde recordar
quem os recebe bem
e assim poder contar
as igrejas que a ilha tem
e quais os seus pontos de descanso
para se fazer um balanço
do mais que aí vem
um sorriso no rosto espelhado
é um sinal de sagrado
da santa virgem mãe

…
quando a romaria toca em tão novo romeiro
num silêncio absoluto num olhar primeiro
seja maior a fé que como líder o elevou
são tantos os terços que o menino rezou
a cruz de cristo carrega e dela é seu timoneiro
fazendo-o como crente em sua religião verdadeiro
que o faz percorrer se preciso o mundo inteiro
e se a chuva cair e o frio apertar seu xaile o aquecerá
e a crença que tem a mesma o alimentará
reza e pede pelo mundo e o que mais alcançará
pois o amor divino ele sempre terá

...
que caia sobre este bordão
o que o semblante carrega
que dá azo a ser
todo o mal que há sobre terra
demasiado seja pensativo
o romeiro cansado
que traga xaile colorido
sobre os ombros trajado
e na sua meditação
pela fé seja consolado

...
que levante os olhos ao céu
e possa desvendar o véu
de tão estranho sentimento
perante tamanha grandiosidade
esteja fora do seu entendimento
criado numa educação de crença
desde a sua nascença
até onde a vida o levar
tão novo e já caminha a pé
pelos caminhos da fé
e sinta necessidade
dos pecados dos outros pagar

(fé azorica)

...
que lhe seja dado lugar resguardado
num silêncio proclamado a que a reza obriga
para que possa ser orado o que no coração abriga
nada melhor que o silêncio polvilhado pelo cheiro a incenso
que a própria fé identifica que julga que a alma purifica
por tão incentivo cheiro que no ar se prontifica
e dá-lhe uma inalação a morte ou a ressurreição
pois as duas mesmas são a essência da vida

...
que mais possa a romeira deixar nesta sua contemplação
sua canseira descansa encostada ao bordão
quando a mesma caminha rezando vai então
nas suas orações pedindo por todos o perdão
e que no juízo final todas as almas tenham absolvição
que o reino celestial a todos possa acolher
para que muitos possa permear quão triste foi seu viver
e quantos não foram os pecados que obrigaram a cometer
por isso se deixa nas mãos de quem consegue orar
pois são as rezas dos romeiros que mais alto julgamos chegar

(fé azorica)

...
que na casa sagrada impere o culto
e que os pensamentos estejam muito mais acima
todos eles elevados e nas almas pensados com os olhos virados
às talhas em oiro bordados e os cheiros inalados
de círios ofertados e logo queimados na mais pura parafina
deixai que cada romeiro mesmo em bando entrados
se consigam concentrados em uníssimo rezados
e em sacrifícios mostrados que a fé assim obriga

...
que se prostrem de joelhos junto a casa do detentor
da fé inteira de um povo que acredita num ser superior
todos do lado de fora rezam ao criador
pois sua vassalagem se mostra ao distinto
e somente depois ousam entrar em casa do senhor
pois a fé que os move quem os vê se comove
por tanta crença haver e fazem-no por saber
que todos os que os caminhos calcorreiam
vão ter a casa do redentor

...
que sejam fotos tiradas para futuras recordações
de longas caminhadas feitas em peregrinações
pois a fé também é alimentada de algumas conjugações
pode até o prior nas suas altivas convicções
de cócoras se postar perante seus irmãos
possam por ventura guardar belas reminiscências
nem tão pouco querem questionar certas ciências
pois a fé só pode estar nas mais puras consciências
mesmo podendo indagar na crença algumas deficiências

...
quem dera que me conseguisses explicar
o que sentes neste olhar
enquanto romeiro fores
que no cimo do teu bordão
uma cruz colocada foi então
para que rezares fosses
e colocasses teu observar
com o credo que te faz andar
pelas pedras agri-doces
que compõem esta ara
duma ilha secular
num arquipélago chamado açores
cuja crença popular
se coloca num altar
enfeitado das mais belas flores

...
são simples humanos
que ao longo dos anos
suas crenças proclamam
e em determinado momento
num simples ajuntamento
a ilha percorrem
despindo-se de bijutarias
por mais simples que possam
de pobreza se vestirem
carregam somente o essencial
para a fome matarem
pois dormem em qualquer canto
sem causarem espanto
todos iguais se mostram
uma única coisa os une
muitos lhe chamam de fé

...
seja a fé de um povo
pelos olhares expressos
de pobres romeiros
que percorrem trilhos inteiros
numa fé que permanece
e ano após ano se rejuvenesce
a crença sempre se mantém
caminhada após caminhada
onde tudo para trás se esquece
leva-se pouco ou nada
pois a maior riqueza
será de certeza
aquela que na mente prevalece
possível é mover montanhas
a quem com orações seu coração aquece

Foto - Luiz Ferreira

(fé azorica)

...
seja a fé demasiadamente presente
neste preciso momento
que de fé necessitas
que as rezas que outrora rezavas
não sejam as mesmas desditas
e o que ora suportas dentro do peito em ferida
não te faça desacreditar
o que sempre acreditastes na vida
dizem que deus dá as dores
a quem forte nele acredita
por mais belas que sejam as cores
de preto e branco se mostram
muitas estradas escondidas
mas com profunda crença elas se tornarão coloridas
compenetrado sempre estejas
como estás aqui
sempre rezastes pelos outros
agora que rezem por ti

...
seja cansaço expresso
na face de uma romeira
depois de calcorreadas
as estradas da ilha terceira
vislumbrar no olhar
uma felicidade inteira
pois faz a fé mudar
até as mais altas montanhas
intrínseca a crença é
vinda de dentro das entranhas
já pensam até
nas caminhadas do ano seguinte
com bichocas no pé
sem usarem de artimanhas
dizem que a fé
alimenta as mentes humanas

(fé azorica)

...
seja por demais a fadiga
que a jorna possa trazer
e por longo embaraço
tenha que alguém entristecer
bastará cair no regaço
que a almofada possa ter
para que o mesmo cansaço
na citada possa permanecer
pois o dia cedo se levanta
já o galo canta
caminho terá de se desfazer
e bem alto rezar
as almas que vão caminhar
ouvir querem se fazer

…
seja por peso dos pecados que o mundo vai cometendo
e que no teu semblante o mesmo vais espelhando
seja o fardo pesado cujo cajado suporta
umas quantas avé marias não chegam para os livrares da tua porta
por isso tens que caminhar e muitos terços rezar
por entre chuvas e ventos
para que possas calar todos estes tormentos
o sacrifício que fazes em prol da mente humana
por vezes é engolido pela parte profana
mas que a fé sempre te guie mesmo que tudo se mantenha
não te esqueça que a força da crença
faz mover a maior montanha

...
seja tão grande a fé que faça andar a pé entre chuvas e ventos
que sempre se caminhe mesmo com todos os contratempos
que as calçadas que se pise assim preconize quiçá o calvário
que se tenha que transpor mesmo que seja imaginário
leve a religião ao expoente máximo para que a terra de tremer pare
e que a fé nos ampare e força sempre nos dê
que acreditamos sem ver pois o credo é mesmo assim
que o mundo não tenha fim e as pessoas se entendem
edificados por nascença tamanha que é a crença
numa força superior

...
sejam de túnicas vestidas
todas elas coloridas
as mulheres da nossa ilha
que por vontades assumidas
suas ruas palmilham
numa fé crescente
de romeiras chamadas
para que sejam perdoadas
dos pecados assumidos
e que peçam pela paz
das guerras prometidas
que as providências contidas
das desgraças arrogadas
não se possam realizar
por isso percorrem possuídas
por uma fé que as resguardam
rezando por formas atingidas
e que a crença não as calam

(fé azorica)

...
sejam demarcados os pergaminhos
que por demasiados caminhos
em altos sons rezam
embora pelo crepúsculo
seus sons se propagam
pois o silêncio da noite
todos os espaços alargam
e que os pingos da chuva
sem destrinça os romeiros alagam
mas prende-os uma asseveração
independentemente até
dos largos pingos que caem
se lhes secam o coração

...
sejam segredos contados por terços rezados
de preces pedidas e resolvidas em silêncios tidos
sejam pés cansados por longos caminhos percorridos
que se querem descansados para outras partidas
que se entre em lugares sagrados e depois de entrados
se mergulhe em introspeção e se façam de novo orações
e ao alto se elevem purificados corações
que a fé se mantenha mesmo que tamanha
seja a cruz a levar para que possam purificar
os pecados de todos

...
sejas como os demais romeiros
um romeiro de fé
que percorre a ilha
com tamanha força até
que não sintas as bolhas
que te crescem no pé
pois a ilha do arcanjo
de tamanho demasiado é
mas não impeça a religião
que este meu amigo josé
traz cravada no peito
desde o tempo de bebé
que te sirvas deste bordão
de ponteiras no cimo e no sopé
que te dê conforto
a manta que nos ombros transportas
e te faça sentir na crença que muito gostas

...
sejas romeiro e pastor
em busca do senhor
para preces concebidas
que conduzas teu rebanho
por entre estradas coloridas
e que faças com empenho
tuas rezas prometidas
sejais filho abençoado
por bênçãos sobre ti caídas
e que as mesmas todas sejam
irmãmente divididas
sejas justo por divindade
do bem saber adquirido
ninguém é dono da verdade
coisa que sempre se quis
carregas contigo simbolizado
o nome de diniz

✞

...
mesmo sem nada existir
dentro desta igreja
análoga assim despida
ela tem sua beleza
pois o santíssimo sempre subsiste
na mais ínfima pobreza
seu altar mor
mora no céu com certeza
e ele lá do cimo
os abençoa com sua magnitude
recebendo seus crentes
com fervor e realeza
pois o culto é divino
por isso se despiu de tudo

FÉ

...
dois mil anos se passaram
e as coisas não mudaram
tudo está na mesma
os homens se amotinam
maltratam e espezinham
nada faz sentido
não aprenderam a lição
de quem veio ensinar
que dar com uma mão
sem que a outra possa notar
é sinal de se ter o coração
situado no mesmo lugar
irão passar mais quantos anos
para que todos os humanos
saibam o seu lugar

...
eis a prova simbolizada da sua crucificação
que se guardem três dias para que se dê a ressurreição
que seja respeitado o tempo de oração
que em silêncio se passa à redenção
que hosanas se cantem em aleluias aclamadas
em jubileus expostos na salvação
para quem acredita na vida para além da morte
jamais ficará votado à sua sorte
e que se guardem as parafernálias
que a próxima páscoa já aí vem

…
feita promessa crença expressa numa fé sentida
cuja pomba alva esvoaçando simboliza a paz assumida
dando assim razão à vida
mesa posta fartura exposta convivas sentados
saboreiam sopas carnes e massas
porque assim o é a coroada
carregada está sentando a vivência
nesta bela crença que se chama fé

...
nesta pedra se cravou
uma cruz de ferro
que pela força do momento
a mesma assim ficou
e corroeu-lhe o tempo
e ao olhar para ela
como a veem enferrujou
a citada uma história nos lembrou
de um excalibur que sua gente soltou
mas para o nosso povo
ela sempre simbolizou
a crença da sua patuleia
de uma fé que o povo criou
que da forma que eu entendo
pois deste mesmo povo eu sou

(fé azorica)

...
ouço uma religião falar
dizendo que iremos ganhar
de certeza o paraíso
que só teríamos que acreditar
mas eu disso eu não preciso
pois bastará olhar
para a alma consolar
com este éden perfeito
quem esta beleza criou
por si só consagrou
pois ele mesmo gerou
num segundo conciso
criar uma excelência assim
não pode ter sido somente improviso

...
que os pés da santa beijes
mesmo fora da igreja
para que toda a gente veja
quanta tão grande é tua fé
que te ajoelhes até
em forma de submissão
para agradeceres assim
graças concebidas
pois de intempéries nefastas
fartas estão nossas ilhas
que ela sempre providencie
algo a que nos possamos agarrar
pois a fé é isso mesmo
não ver mas acreditar

(fé azorica)

...
que percorram os caminheiros
caminhos além das contendas
por serem únicos verdadeiros
guia-os o farol que os ilumina
a rota que tomaram
rumam à maria vieira
a santa que imortaliza
a nossa crença verdadeira
possam por ventura querer pagar
alguma graça obtida
e assim vão calcorrear
os alcatrões da ilha
e que jamais desapareça
a forma que os movimenta
pois que nunca morra
a fé que os acalenta

...
que te leve este caminho
no qual passeias sozinho
à cruz acima exposta
e chegando ao cimo
te ajoelhes de mansinho
e ponhas as mãos postas
rezes ao divino
se for coisa que porventura gostas
pede que abençoe a senda
para que cada vez mais se acenda
a crença na cruz exposta
quem sabe alguém de ti zombaria
mas a fé é de cada um
e quando chegar o dia
todos pedem em temor
a sua absolvição
e sem terem comunhão
evocam o nome do senhor

(fé azorica)

…
quem sabe se por peregrinação de uma graça obtida
vaia inês calcorreando pelos caminhos destemida
em passos largos passando o alcatrão da ilha
á virgem pelo caminho rezando uma graça concebida
quiçá pela passagem de ano que por qualquer desengano
a média tenha sido adquirida
pois de certeza este ano estará a convenção regularizada
e de volta para o ano a mesma promessa declarada

…
seja a tua fé
nem tão pouco igual à minha
que mesmo dentro da fé a mente raciocina
que ponham em questão até
existir algo mais acima
se de uma força maior se fala
a mente jamais se cala
porque a vista não retém
mas dizem ser mesmo assim a crença
pois quem acredita e não vê
é digno de uma magnificência
quem de tudo se encarrega
é a divina que abastece
pois a mesma está até uns degraus acima
se for para julgar a humanidade
se julga a providência divina

...
seja crença plena
que no rosto desta pequena
uma lágrima deslize e assim preconize
a certeza que ela detém
de quem reza a jesus pregado na cruz
absolvição tem
por isso calcorreia pela ilha inteira
promessas que fez por alguém
ou pelo simples facto de assim se sentir bem
que as bolhas que tem nos pés
por percorrer a ínsula de lés a lés
seja por dor a obrigação
de mais tarde receber
serenidade como compensação

...
seja crença proclamada a uma fé agarrada
num crucifixo que simboliza e assim suaviza
a quem entregue está à sua sorte
sejam beatos ou videntes ditos certos crentes
que se agarram a jesus
elevando no ar o braço mostrando a todos a cruz
sem quererem comentar
a vida que muitos teem de pobreza e sem luz
mas a mesma sem crença é futuro sem norte
a realidade concreta muita gente se assunta
fica sempre a pergunta
se existe vida mesmo para além da morte

…
seja guardada a viagem que de carro se possa fazer
e que de frente sempre se tenha a imagem
de quem para nos salvar tenha tido que morrer
que a fé sempre nos proteja independentemente do lugar
dentro do nosso coração esteja para assim nos salvar
pois quem com a crença caminha é minha fé que predomina
seguro no caminho se sentir e assim possa ir
sobre as graças sagradas pois quem assim viaja
tem sempre as horas das partidas e as horas das chegadas

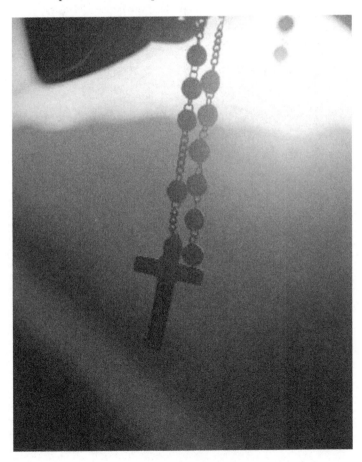

...
seja mente pura
quem se ajoelha à procura
de uma consolação
por vezes não entende
porque os homens se metem em alucinação
fazem guerras matam expoliam sem consideração
na sua cabecinha tudo lhe faz confusão
e por inocência pede clemência numa oração

...
seja por auto de s. joão que de deus é chamado
um quadro sereno pelo fotógrafo foi fotografado
que seja obra prima assim coisa fina
de joelhos profligados
fazendo prevalecer sentimentos adorados
dando a impressão que serão todos sagrados
e que suas faces espelham sensibilidades consagradas
que a imagem exposta mostre que se gosta
e que se tenha apreço
pois a fé se exprime de um só jeito
que se define nas mãos postas
e prostrados com respeito

...
sejam preces oradas em silêncio rezadas
como crença dos deuses
sejam solidões sentidas todas elas assumidas
como verdades tidas carências sentidos teus
que pelos os outros peças e não peças meças
aos olhos de deus
que te sintas servo e possas dividir
o que deram aos teus

...
sobre rosário de contas feitas
pelas contas certas oradas
por contas de contas desfeitas
por contas por demais consagradas
sejam todas as contas
em puras contas rezadas
tentando rebentar as pontas
sem contas ficará demarcada
que se medeiam as afrontas
de quem não crê em nada
pois um rosário sem pontas
é o mediar das afrontas
das coisas por demais sagradas

...
subiu o romeiro à capelinha
para uma vela ofertar
acendendo-a deixou-a
numa pedra feita altar
e logo se ajoelhou
começando a rezar
à santa que narra a história
ter morrido naquele lugar
outrora padroeira dos estudantes
que não queriam estudar
e logo promessas faziam
se o ano conseguissem passar
hoje por vontade do povo
já a conseguiram beatificar

(fé azorica)

...
traz este semblante carregado
de amor e devoção
pois em tempos de aflição
seja o terço rezado
e os pecados perdoados
e que nunca se perca a tradição
pois a parte religiosa
é sempre mais fervorosa
do que a parte pagã
e as distâncias mantidas
por causa das pandemias
para se poder rezar
não tem que ser no altar
pode-se fazer até nos caminhos
já dizem os pergaminhos
deus está em toda a parte

...
trazes as costas marcadas
todas elas chagadas
para nos dares o perdão
o preço do sofrimento
se houver arrependimento
será a absolvição
e como contrapartida
temos como saída
um lugar marcado
de poltrona sentado
à direita do pai
para que a eternidade
seja lugar abençoado
na crença que cada um foi criado

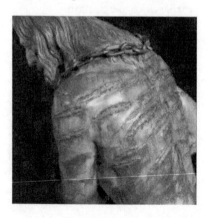

✝

...
ficou somente a fachada
duas janelas
e uma porta fechada
do que outrora foi
culto de uma fé
e que agora é
somente uma recordação
as almas que aqui rezaram
muitas já andaram
para a sua absolvição
pairam algures no ar
pois é sua convicção
que um dia mais tarde
haverá a ressurreição

SOBRE LIVRO E AUTOR

Jorge Rui Machado da Ponte Morais, nascido a 26 de novembro de 1958 na ilha Terceira, vem neste quarto livro falar de fé, fulcral na vida dos açorianos aquém- e além-mares.

Enquanto que nos anteriores fala de diferentes inspirações, da ilha que o criou, do apreço e inspiração da forma feminina, neste imperam 4 facetas da fé nas nossas ilhas.

Numa divisão larga figuram ideias dispersas pelos locais de culto, pela influência do divino espírito santo, pelos romeiros que percorrem as ilhas até aos mais dispersos, mas ainda relacionados, temas de fé.

Em separação estão incluídos poemas centrados na igreja velha de S. Mateus, que é também imagem de capa.

Agradece o autor aos empenhados e persistentes leitores, aos múltiplos fotógrafos que cedem as suas imagens que despertam a imaginação na composição e aos amigos e família que apoiam estes empreendimentos.

Printed in Great Britain
by Amazon

24553502R00076